POLIZEI- UND ORDNUNGSRECHT

Basiswissen & Prüfungsschemata

Bibliografische Information der Deutschen Nationalbibliothek:
Die Deutsche Nationalbibliothek verzeichnet diese Publikation in der Deutschen Nationalbibliografie; detaillierte bibliografische Daten sind im Internet über http://dnb.de abrufbar.

Joachim Krampetzki
Polizei- und Ordnungsrecht NRW
- Basiswissen & Prüfungsschemata -
8. Auflage Oktober 2022

Herstellung und Verlag: BoD - Books on Demand, Norderstedt

ISBN: 9783738606119

Das Vervielfältigen (kopieren) sowie die Weitergabe des Skripts auf elektronischem Wege ist verboten und wird im Falle der Zuwiderhandlung straf- und zivilrechtlich verfolgt.

POR NRW

Inhaltsverzeichnis

1.	Rechtmäßigkeit einer Ordnungsverfügung	1
1.1	Zuständigkeit	3
1.2	Schutzgüter der öffentlichen Sicherheit und Ordnung	4
	Schutzbereiche der öffentlichen Sicherheit	5
1.3	Gefahr	7
	Merkmale des Gefahrenbegriffs	8
	Anscheinsgefahr, Scheingefahr, Gefahrenverdacht	9
	konkrete / abstrakte Gefahr	10
1.4	Störer	11
	Verhaltensstörer	12
	Voraussetzungen der Verhaltensverantwortlichkeit	13
	Zustandsstörer	14
	Inanspruchnahme des Nichtstörers	16
1.5	Entschließungsermessen / Auswahlermessen	17
	Störerauswahlermessen	18
	Ermessensfehler	19
	Ermessensreduzierung auf Null	20
1.6	Verhältnismäßigkeit	21
	Angemessenheit - Prüfungskriterien	23
2.	Muster einer Ordnungsverfügung	24
3.	Rechtmäßigkeit einer ordnungsbehördlichen Verordnung	25
	Prüfungsschema für eine auf eine ordnungsbehördliche Verordnung gestützte Ordnungsverfügung	27

POR NRW

Inhaltsverzeichnis

4.	Eilzuständigkeit der Polizei	30
5.	präventives / repressives Handeln	31
6.	Rechtmäßigkeit einer Polizeiverfügung	32
7.	Standardmaßnahmen	34
7.1	Datenverarbeitung	35
7.2	Platzverweisung	38
7.3	Aufenthaltsverbot	39
7.4	Wohnungsverweisung und Rückkehrverbot	40
7.5	Aufenthaltsvorgabe und Kontaktverbot	41
7.6	Elektronische Aufenthaltsüberwachung	42
7.7	Gewahrsam	43
	Verbringungs- und Rückführungsgewahrsam	44
	Rechtmäßigkeit einer Ingewahrsamnahme	45
7.8	Durchsuchung von Personen	46
	Durchsuchung von Sachen	47
	Betreten und Durchsuchung von Wohnungen	48
7.9	Sicherstellung und Verwahrung	49

© JURA2GO   www.jura2go.com

Rechtmäßigkeit einer Ordnungsverfügung

I. **Ermächtigungsgrundlage**
   1. spezialgesetzliche Ermächtigungsgrundlage
   2. spezielle Ermächtigungsgrundlage gem. § 24 Nr. 1 - 12 OBG i.V.m. PolG NRW (sog. Standardmaßnahmen)
   3. Generalklausel, § 14 I OBG

II. **formelle Rechtmäßigkeit**
   1. Zuständigkeit
      a) sachliche Zuständigkeit
         aa) spezialgesetzliche Regelung (z.B. § 62 BauO NRW)
         bb) §§ 5, 3 I OBG

      b) örtliche Zuständigkeit, § 4 OBG (evtl. ergänzend: § 3 VwVfG)

   2. ordnungsgemäße Durchführung des **Verwaltungsverfahrens**, §§ 9 ff VwVfG
      - insbesondere **Anhörung**, § 28 VwVfG

   3. **Form** der Ordnungsverfügung, § 20 I OBG

   4. **Begründung**, § 39 VwVfG

   5. ordnungsgemäße **Bekanntgabe**, § 41 VwVfG

III. **materielle Rechtmäßigkeit**
   1. Wirksamkeit der Ermächtigungsgrundlage
   2. Vereinbarkeit der Ordnungsverfügung mit den **Tatbestandsvoraussetzungen der Ermächtigungsgrundlage**
      – *im Falle von § 14 I OBG:*

1. Ordnungsverfügung

    a) **Schutzgut** der öffentlichen Sicherheit oder Ordnung betroffen
    b) **konkrete Gefahr** für das Schutzgut der öffentlichen Sicherheit oder Ordnung

3. Richtet sich die Verfügung an den **richtigen Adressaten** (Störer)?

> **Aufbauhinweis:**
> Da die §§ 17-19 OBG weder eigene Ermächtigungsgrundlagen darstellen noch zum Tatbestand der Generalklausel gehören, wird vielfach die Ansicht vertreten, ein Verstoß gegen diese Vorschriften stelle eine Ermessensüberschreitung dar. Überwiegend wird aber die Frage der Ordnungspflicht des Adressaten eigenständig im Anschluss an die jeweiligen Tatbestandsvoraussetzungen der Generalklauseln und damit unabhängig von der Ermessensprüfung geprüft.

Prüfung der Ordnungspflicht des Adressaten:

    a) Verhaltensstörer, § 17 OBG
    b) Zustandsstörer, § 18 OBG
    c) Kausalität zwischen Verhalten/Zustand und Gefahr
    d) Nichtstörer, § 19 OBG

4. Hat die Behörde das ihr eingeräumte **Ermessen** fehlerfrei ausgeübt (vgl. § 40 VwVfG)?

    a) Entschließungsermessen („Ob")

    b) Auswahlermessen („Wie" und bei Störermehrheit „gegen wen")
        aa) bei der Auswahl der Maßnahme
        bb) bei Störermehrheit

insbesondere: Ist die getroffene Maßnahme verhältnismäßig **(Verhältnismäßigkeitsgrundsatz)**, § 15 OBG?

5. Sind die **sonstigen Rechtmäßigkeitsanforderungen** erfüllt?

    a) kein Verstoß der Ordnungsverfügung gegen ein Gesetz, insbesondere Grundrechte **(Vorrang d. Gesetzes)**
    b) Ist die getroffene Maßnahme inhaltlich hinreichend bestimmt **(Bestimmtheitsgrundsatz)**, § 37 I VwVfG?
    c) Kann die Maßnahme tatsächlich und rechtlich umgesetzt werden (Möglichkeit der Maßnahme)?

1.1 Zuständigkeit

sachliche Zuständigkeit, §§ 1 I, 5 I OBG

Grundsatz: Die örtlichen Ordnungsbehörden sind sachlich zuständig für die Abwehr von Gefahren (§§ 1, 5 OBG).
Ausnahme: Sonderordnungsrecht kann andere Zuständigkeiten bestimmen (§ 5 II OBG).

instanzielle Zuständigkeit, §§ 3, 5 OBG

Im Bereich der Gefahrenabwehr besteht eine vierstufige Behördenhierarchie: Die unteren drei Ebenen ergeben sich aus § 3 OBG (örtl. Ordnungsbehörde, Kreisordnungsbehörde, Landesordnungsbehörde). Die vierte Ebene ergibt sich aus § 7 III OBG (das jeweils zuständige Ministerium).
Die instanzielle Zuständigkeit ergibt sich aus § 5 I S. 1 OBG (Regel: örtliche Ordnungsbehörden). Sie wird (wie im Ordnungsrecht meistens) zusammen mit der sachlichen Zuständigkeit geregelt.
Im Sonderordnungsrecht ist die Behördenhierarchie spezialgesetzlich geregelt und regelmäßig dreistufig (Bsp.: untere, obere und oberste Wasserbehörde).

örtliche Zuständigkeit, § 4 OBG

Grundsatz: Die örtliche Zuständigkeit von allgemeinen Ordnungsbehörden ergibt sich aus § 4 OBG. Örtlich zuständig ist demnach die Ordnungsbehörde, in deren Bezirk die zu schützenden Interessen verletzt oder gefährdet werden.
Für Sachverhalte, die sonderordnungsrechtlich geregelt sind, muss das einschlägige Sonderordnungsrecht geprüft werden. Fehlen dort entsprechende Regeln, ist auf das OBG zurückzugreifen.

Nach anderer Ansicht richtet sich die örtliche Zuständigkeit nach § 3 VwVfG (Grundsatz der teilweisen Subsidiarität), d.h. bei fehlenden oder unvollständigen Regelungen im Sonderordnungsrecht ist auf das VwVfG zur Lückenschließung zurückzugreifen. Der Meinungsstreit hat keine praktische Bedeutung, da die Zuständigkeitsprüfung nach § 4 OBG / § 3 VwVfG i.d.R. zu demselben Ergebnis führt.

außerordentliche Zuständigkeit, § 6 OBG

Jede Ordnungsbehörde kann sachlich zuständig sein, sofern die eigentlich zuständige Behörde nicht rechtzeitig und effektiv die Gefahr abwehren kann (Gefahr im Verzug) oder dies spezialgesetzlich vorgesehen ist.

Schutzgüter im Ordnungsrecht
- vgl. § 14 I OBG -

„öffentlich"

bedeutet, dass das Verhalten des Störers in die Öffentlichkeit ausstrahlt und nicht nur Auswirkungen im Bereich der Privatsphäre hat.

öffentliche Sicherheit

Öffentliche Sicherheit bedeutet die Unverletzlichkeit der objektiven Rechtsordnung, der subjektiven Rechte und Rechtsgüter des Einzelnen sowie des Bestandes der Einrichtungen und Veranstaltungen des Staates und sonstiger Träger hoheitlicher Gewalt.

Das Schutzgut der öffentlichen Ordnung ist gegenüber dem Schutzgut der öffentlichen Sicherheit subsidiär (nachrangig).

öffentliche Ordnung

Unter „öffentlicher Ordnung" versteht man die Summe <u>ungeschriebener</u> Normen, deren Befolgung als unentbehrliche Voraussetzung eines geordneten, menschlichen Zusammenlebens angesehen wird.
Bsp: Sog. „Flitzer" (unbekleidete Person) in der stark frequentierten Fußgängerzone; hier nimmt die Rechtsprechung (noch) die Verletzung des Schutzgutes der öffentlichen Ordnung an.

Schutzbereiche der öffentlichen Sicherheit

objektive Rechtsordnung

= die Gesamtheit aller Rechtsvorschriften.
Darunter fallen alle Rechtsnormen (Gesetze, Rechtsverordnungen, Satzungen sowie Gewohnheitsrecht), die den Adressaten zu einem bestimmten Verhalten (Tun oder Unterlassen) verpflichten.

BEACHTE: Normen des Privatrechts unterliegen dem Subsidiaritätsprinzip, d.h. deren Inhalte sind bereits vom Individualrechtsschutz erfasst. Die Hauptbedeutung des Schutzgutes der Unverletzlichkeit der Rechtsordnung liegt daher in der Sicherung öffentlich-rechtlicher Vorschriften.

In Betracht kommen auch Grundrechte, sofern sie im konkreten Fall eine objektive Schutzpflicht der staatlichen Organe begründen.

Individualrechtsgüter des Einzelnen

Geschützt werden die subjektiven Rechte (Ansprüche) und Rechtsgüter (Leben, körperliche Unversehrtheit, Gesundheit, Eigentum, Besitz, Vermögen, Freiheit, Ehre) des Einzelnen.

BEACHTE: Der Schutz subjektiver Rechte und Rechtsgüter obliegt in erster Linie den ordentlichen Gerichten. Die Eingriffsbefugnis der Ordnungsbehörden wird dadurch grundsätzlich verdrängt (Subsidiaritätsprinzip). Allerdings endet die Subsidiarität, wenn durch die Beeinträchtigung von Individualschutzgütern gleichzeitig auch die Allgemeinheit betroffen ist. Das ist unter folgenden Voraussetzungen der Fall

- Unmöglichkeit eines rechtzeitigen gerichtlichen Rechtsschutzes.
- Gefahr der Vereitelung/wesentlichen Erschwerung der Verwirklichung des subjektiven Rechts/Rechtsgutes bei Untätigkeit der Ordnungsbehörde.

Bei Vorliegen der Voraussetzungen: Die Ordnungsbehörde darf lediglich vorläufige Maßnahmen treffen.

Kollektive Schutzgüter entstehen durch die Zusammenfassung mehrere Individualschutzgüter, soweit die Zusammenfassung dann als eigenes Gesamtrechtsgut aufgefasst werden kann (Bsp.: Grundwassergefahr durch Chemieunternehmen).

Bestand und Funktionieren des Staates und seiner Einrichtungen

Geschützt wird der **Staat** im eigentlichen Sinne (also Bund und Länder), aber auch **alle anderen Rechtssubjekte des öffentlichen Rechts**, also auch unterstaatliche juristische Personen des öffentlichen Rechts wie Landkreise, Gemeinden, Universitäten, Theater, Museen etc..

Geschützt wird neben dem **räumlich gegenständlichen Bereich** auch die **Funktionsfähigkeit** und die **ungestörte Arbeit** der Einrichtungen (Bsp.: Staatsbesuche, Manöver, Paraden).

BEACHTE: Die allgemeinen Ordnungsbehörden sind unzuständig, solange der betroffene Hoheitsträger selbst die Gefahr beseitigen kann (z.B. Ausübung des eigenen Hausrechtes).

Gefahrentypen

Teilweise wird in polizei- und ordnungsrechtlichen Normen für bestimmte Situationen das Vorliegen besonderer Gefahrtypen gefordert:

Gefahrtyp	Definition
Gefahr	die hinreichende Wahrscheinlichkeit eines Schadenseintritts
konkrete Gefahr	Die Gefahr ergibt sich aus einem nach Ort und Zeit bestimmten oder bestimmbaren Sachverhalt.
gegenwärtige Gefahr *(Differenzierung nach der zeitlichen Nähe zum Eintritt des Schadens.)*	zeitlich erhöhte Schadensnähe = Eine Sachlage, bei der die Einwirkung des schädigenden Ereignisses bereits begonnen hat (Störung) oder unmittelbar bevorsteht.
Gefahr im Verzug	zeitlich erhöhte Schadensnähe, wobei ein Abwarten die Effektivität der Gefahrenbekämpfung beschränken oder gänzlich in Frage stellen würde. Dieser Gefahrenbegriff entspricht im Wesentlichen dem der gegenwärtigen Gefahr.
gegenwärtige erhebliche Gefahr *(Differenzierung nach dem Rang des bedrohten Rechtsgutes.)*	Zur gegenwärtigen Gefahr muss eine Gefahr für ein hochrangiges Rechtsgut, wie dem Bestand des Staates, des Lebens und der Gesundheit, der Freiheit oder einen nicht unwesentlichen Vermögenswert hinzukommen.
Gefahr für Leib und Leben	konkrete Gefahr, bei der das Schutzgut feststeht
dringende Gefahr	zeitlich erhöhte Schadensnähe UND Gefahr für ein hochrangiges Rechtsgut

Merkmale des Gefahrenbegriffs
= der hinreichenden Wahrscheinlichkeit eines Schadenseintritts

---

Schaden

Ein Schaden liegt vor, wenn der vorhandene Bestand der Schutzgüter „öffentliche Sicherheit" oder „Ordnung" nicht unerheblich verletzt wird.

Ein Schaden liegt nur bei einiger Intensität der beeinträchtigenden Handlung vor. Kein Schaden ist demnach eine bloße Belästigung, ein Nachteil, eine Unbequemlichkeit oder Geschmacklosigkeit.

Die Schwelle von Belästigung, Unbequemlichkeit etc. zum Schaden ist fließend. Es kommt auf die Umstände des Einzelfalls an.
Bei der Abgrenzung Belästigung / Schaden ist von einem Maßstab auszugehen, den ein objektiver Dritter (= „normaler" Mensch) anlegen würde.

---

hinreichende Wahrscheinlichkeit des Schadenseintritts

Für das Vorliegen einer Gefahr genügt die hinreichende Wahrscheinlichkeit eines Schadenseintritts. Diese ist gegeben, wenn nach der allgemeinen Lebenserwartung der Eintritt eines Schadens zu erwarten bzw. nicht nur entfernt möglich ist.

Es gilt ein **differenzierter Wahrscheinlichkeitsmaßstab:**

**Je bedeutsamer und höherrangiger ein Schutzgut ist,
desto geringer sind die Anforderungen,
die an die Wahrscheinlichkeit des Schadenseintritts zu stellen sind.**

Keine Schädigungswahrscheinlichkeit liegt bei einem bloßen **Risiko** vor, d.h. wenn eigentlich alles gegen einen Schadenseintritt spricht, dieser aber auch nicht gänzlich ausgeschlossen werden kann.

Nach der Rechtsprechung weist auch die **latente Gefahr** eine ausreichende Schadenswahrscheinlichkeit auf (latente Gefahr = Zustand, der noch nicht aktuell gefährlich ist, aber später oder unter bestimmten Gegebenheiten gefährlich werden könnte).

Ist der Schaden bereits eingetreten, liegt eine **Störung** vor.
Geht von der Störung eine in die Zukunft wirkende Gefährdung aus, liegt eine ordnungsrechtlich relevante Gefahr vor, d.h. das Tatbestandsmerkmal der „Gefahr" in § 14 I OBG ist erfüllt.

Gefahrenlagen

Eine ordnungsbehördliche/polizeiliche Maßnahme setzt eine **objektiv bestehende Gefahrenlage** voraus, d.h. die hinreichende Wahrscheinlichkeit des Schadenseintritts muss bei objektiver Betrachtung ex ante (im Vorhinein) bejaht werden können.

Stellt sich ex post (im Nachhinein) heraus, dass in Wirklichkeit keine Gefahr bestanden hat, ist wie folgt zu differenzieren:

Anscheinsgefahr: Ein Sachverhalt stellt sich im Vorhinein (ex ante) sowohl subjektiv aus der Sicht eines gut ausgebildeten Durchschnittsbeamten als auch objektiv aus der Sicht eines besonnenen Dritten als gefährlich dar.
Im Nachhinein (ex post) stellt sich heraus, dass in Wirklichkeit keine Gefahr bestanden hat.

subjektive Sicht Beamter = objektive Sicht Dritter

Folge: Die Anscheinsgefahr steht einer echten Gefahr gleich, d.h. sie berechtigt zum Einschreiten.

Scheingefahr:
(Putativgefahr) Ein gut ausgebildeter Durchschnittsbeamter geht irrigerweise von einer Gefahr aus, die aus der Sicht eines besonnenen Dritten objektiv nicht besteht.

subjektive Sicht Beamter ≠ objektive Sicht Dritter

Folge: Die Scheingefahr ist keine Gefahr, d.h. sie berechtigt nicht zum Einschreiten (die Maßnahme ist rechtswidrig).

Gefahrenverdacht: Der gut ausgebildete Durchschnittsbeamte ist sich nicht sicher, ob eine Gefahr vorliegt (keine hinreichende Wahrscheinlichkeit für den Schadenseintritt = Gefahr mit noch geringem Wahrscheinlichkeitsgrad).

Folge: Nach h.M. liegt eine Gefahr vor.
Das Gebot der Verhältnismäßigkeit fordert von dem handelnden Beamten allerdings, sich bei Vorliegen eines bloßen Gefahrenverdachts grundsätzlich auf **vorläufige Maßnahmen zur Gefahrerforschung** zu beschränken.

Unterscheidung konkrete / abstrakte Gefahr

konkrete Gefahr

Voraussetzung für eine ordnungsbehördliche/polizeiliche Maßnahme ist stets das Vorliegen einer **konkreten** Gefahr.

Eine konkrete Gefahr liegt nur vor, wenn sich der Anlass für die Maßnahme aus einem

nach Ort und Zeit bestimmten Sachverhalt

ergibt.

Dieser Sachverhalt muss durch die Behörde objektiv „bewertet" werden. Dazu sind zunächst alle entscheidungserheblichen Tatsachen festzustellen. Gefahrindizien, also Anzeichen für einen künftigen Schadenseintritt sind im Einzelfall ebenso zu ermitteln wie alle Indizien, die gegen eine Gefahr sprechen (daraus folgt der Vorrang von Gefahrerforschungseingriffen). Schließlich sind die ermittelten Tatsachen und Indizien abzuwägen.

abstrakte Gefahr

Die abstrakte Gefahr bezieht sich dagegen nicht auf einen bestimmten Sachverhalt, sondern beschreibt einen „typischen" Fall, bei dessen Vorliegen generell mit hinreichender Wahrscheinlichkeit mit einem Schadenseintritt zu rechnen ist.
Statistiken können hier eine entscheidende Rolle spielen.

Die abstrakte Gefahr kann nicht einzelne ordnungsbehördliche/polizeiliche Maßnahmen stützen; sie ist aber Grundlage für die Schaffung von entsprechenden abstrakten Gefahrabwehrregelungen, z.B. in Form von Rechtsverordnungen (§ 25 OBG).

Adressat der Ordnungsverfügung

Der Tatbestand des § 14 OBG ist erfüllt, wenn eine konkrete Gefahr für eines der in dieser Vorschrift genannten Schutzgüter vorliegt. Im nächsten Schritt ist von der zuständigen Behörde zu entscheiden, ob und gegebenenfalls welche Gefahrenabwehrmaßnahme zu ergreifen ist. Dazu muss sie feststellen, wer als Adressat einer solchen Maßnahme in Betracht kommt.

Adressat einer Gefahrenabwehrmaßnahme kann immer nur eine Person sein, auch wenn z.B. auf ein Tier oder eine Sache eingewirkt werden muss.
Als Ordnungspflichtige kommen daher in Betracht:

- Natürliche Personen
- Juristische Personen des Privatrechts (GmbH, AG)
- Nichtrechtsfähige, privatrechtliche Vereinigungen, die ein Mindestmaß an Organisation aufweisen und auf gewisse Dauer angelegt sind (nicht eingetragener Verein, KG etc.)
- Juristische Personen des öffentlichen Rechts (z.B. Körperschaften)

Störer
§§ 17, 18 OBG

Grundsätzlich kann nur eine **Person** zum Adressaten einer Gefahrenabwehrmaßnahme gemacht werden, der die Umstände, die zum Gefahreintritt geführt haben, zuzurechnen sind (sog. Störer).

Auf ein Verschulden kommt es dabei nicht an; entscheidend ist allein die Verursachung der Gefahr.

Der Störer trägt grundsätzlich die Kosten der Gefahrenabwehr.

Nichtstörer
§§ 19 OBG

Im Einzelfall kann es vorkommen, dass Maßnahmen gegen den Störer nicht oder nicht rechtzeitig möglich sind. Dann liegt ein gefahrenabwehrrechtlicher Notstand vor. Um diesen Notstand zu beseitigen kann es erforderlich sein, unbeteiligte Dritte in Anspruch zu nehmen.

Der Nichtstörer trägt nie die Kosten der Gefahrenabwehrmaßnahme.
Er hat unter den Voraussetzungen des § 39 OBG einen Anspruch auf Erstattung des ihm durch die Gefahrenabwehrmaßnahme entstandenen Schadens.

Verhaltensstörer, § 17 OBG
(= Handlungsstörer / Verhaltensverantwortlichkeit)

Definition	Verantwortlich ist, wer durch sein Verhalten irgendwann die Gefahr <u>verursacht</u> hat, oder wer für fremdes, eine Gefahr verursachendes Verhalten anderer einzustehen hat.

Das die Haftung auslösende Verhalten kann sowohl in einem **aktiven Tun** als auch in einem **Unterlassen** liegen, sofern im Falle des Unterlassens eine Pflicht zum Handeln bestanden hat (pflichtwidriges Unterlassen).

Die Pflichtwidrigkeit des Unterlassens kann sich insbesondere aus öffentlich-rechtlichen Vorschriften (= öffentlich rechtliche Handlungspflichten) ergeben (Bsp. Baurecht, Schneeräumpflicht aufgrund kommunaler Satzung).

Verhaltensstörer ist auch, wer für das gefährdende Verhalten eines Dritten einzustehen hat. Diese Einstandspflicht muss sich aber aus gesetzlichen Normen ableiten lassen (z.B. § 17 II OBG, Eltern „haften" für ihre Kinder). Dazu zählt unter den folgenden Voraussetzungen auch das Einstehen des Geschäftsherrn für das Verhalten seines Verrichtungsgehilfen (vgl. § 17 III OBG):

- Der Geschäftsherr muss den Verrichtungsgehilfen zur Verrichtung bestellt haben (Bestellakt). Es genügt, dass der Verrichtungsgehilfe mit dem Einverständnis des Geschäftsherrn handelt. Der Bestellakt muss kein wirksames Rechtsgeschäft sein.
- Die Verrichtung kann in einer Daueraufgabe oder in der Übertragung einer einzelnen Arbeit liegen.
- Der Verrichtungsgehilfe muss gegenüber dem Geschäftsherrn weisungsgebunden sein.
- Die Gefahr muss durch den Verrichtungsgehilfen in Ausführung der Verrichtung (also nicht nur bei Gelegenheit) entstanden sein. Dabei ist es jedoch ausreichend, dass die Gefahr entstanden ist, als der Verrichtungsgehilfe in seinem Geschäftskreis, zu dem er bestellt wurde, tätig war. Die Gefahrentstehung muss nicht Ziel der Verrichtung gewesen sein.
- Ein Entlastungsbeweis, ähnlich dem § 831 BGB (= Nichteinstehenmüssen bei sorgfältiger Auswahl und Kontrolle des Verrichtungsgehilfen), steht dem Geschäftsherrn nicht zu.

Voraussetzungen der Verhaltensverantwortlichkeit

1. Ursachenzusammenhang (= Kausalität)

Die Verhaltensverantwortlichkeit ist eine verschuldensunabhängige Kausalhaftung. Es kommt also nicht darauf an, ob eine Person eine bestimmte Gefahr schuldhaft, also vorsätzlich oder fahrlässig, herbeigeführt hat. Entscheidend ist allein, dass das Verhalten für den Gefahreneintritt **ursächlich** war. Damit ist die Verursachung einer Gefahr das entscheidende Zurechnungskriterium für die rechtliche Begründung der Verhaltensverantwortlichkeit.

Häufig wird eine Gefahr nicht nur durch eine, sondern durch mehrere Faktoren verursacht. Ursächlich ist dann nur das Verhalten, das selbst unmittelbar die konkrete Gefahr ausgelöst hat **(Theorie der unmittelbaren Verursachung).**
Dies kann das zeitlich letzte Verhalten in der Kausalkette, aber auch der schwerwiegendste Kausalbeitrag sein (wertende Entscheidung im Einzelfall erforderlich).
Durch die Theorie der unmittelbaren Verursachung werden alle entfernten, d.h. nicht unmittelbar für den Eintritt der Gefahr ursächlichen Faktoren, ausgeklammert.

Problem: Zweckveranlasser
Besteht zwischen dem Handeln des Hintermannes, der lediglich eine mittelbare Ursache gesetzt hat, und dem Handeln des eigentlichen Störers ein enger Zusammenhang, kann im Einzelfall auch der Hintermann als sog. Zweckveranlasser verantwortlich sein. Bei der Prüfung ist darauf abzustellen, ob der Hintermann das letztlich störende Verhalten objektiv bezweckt oder zumindest bewusst in Kauf genommen hat.

2. Rechtswidrigkeit

Eine Verhaltensverantwortlichkeit kann nur entstehen, wenn das die Gefahr herbeiführende Verhalten rechtswidrig war. Wer sich rechtmäßig verhält, also von seinen Rechten legal Gebrauch macht, kann nicht Verhaltensstörer sein. Er kann allenfalls als Nichtstörer in Anspruch genommen werden. Nur wer sich rechtswidrig verhält, verlässt seinen Rechtskreis und überschreitet die ordnungsrechtliche Gefahrengrenze. Die Grenzen dieses Rechtskreises ergeben sich aus den Schranken der Grundrechte, aus zivilrechtlichen Normen oder aus öffentlich-rechtlichen Genehmigungen.

Zustandsstörer, § 18 OBG
(= Zustandsverantwortlichkeit)

Definition	Verantwortlich ist, wer Eigentümer einer gefahrverursachenden Sache/Tier ist oder wer über eine solche Sache/Tier die tatsächliche Sachherrschaft besitzt oder ausübt.

Eine Sache kann aufgrund ihrer Beschaffenheit oder ihrer Lage im Raum eine ordnungsrechtlich relevante Gefahr auslösen.

Eigentumsrecht

Anknüpfungspunkt für die Zustandsverantwortlichkeit ist das Eigentum (§§ 903 ff BGB) an einer Sache (§ 90 BGB) / einem Tier als Ausfluss der Sozialpflichtigkeit des Eigentums. Der Eigentümer erhält die Vorteile der Sache/des Tieres und trägt deren Lasten.

- Maßgeblicher Zeitpunkt für die Frage der Eigentümerstellung ist der Zeitpunkt des behördlichen Einschreitens und nicht der Zeitpunkt der Entstehung der Gefahr.
- Mit der Beendigung des Eigentums oder mit dem Ausschluss des Eigentümers von seiner Verfügungsbefugnis (Insolvenz, gerichtliche Beschlagnahme) endet die Zustandshaftung.
Ausnahme: Dereliktion, d.h. die Zustandsverantwortlichkeit endet nicht, wenn das Eigentum an einer Sache/einem Tier aufgegeben wurde und dadurch Herrenlosigkeit der Sache/des Tieres eingetreten ist (§ 18 III OBG).
- BEACHTE: Nach der Rechtsprechung sind Rechtsgeschäfte sittenwidrig (=unwirksam), die das Eigentum an einer gefahrverursachenden Sache auf einen leistungsunfähigen/vermögenslosen Dritten übertragen und nur zu dem Zweck abgeschlossen wurden, die Zustandsverantwortlichkeit des leistungsfähigen (Alt-) Eigentümers abzuwenden. Dieser bleibt wegen der Sittenwidrigkeit der Eigentumsübertragung als Eigentümer zustandsverantwortlich (nachwirkende Ordnungspflicht).
- Miteigentümer sind zustandsverantwortlich; ggf. hat gegenüber den anderen Miteigentümern eine Duldungsverfügung zu ergehen.

Zustandsstörer
- Fortsetzung -

tatsächliche Sachherrschaft

Zustandsverantwortlich ist auch <u>der Inhaber der tatsächlichen Sachherrschaft</u> über eine Sache.

- Inhaber der Sachherrschaft ist der, der die Sache oder das Tier tatsächlich in Besitz oder Gewahrsam hat und damit die von ihm ausgehenden Gefahren selbst beherrschen kann (z.B. der Mieter).
- Maßgeblicher Zeitpunkt für die Beurteilung der Eigenschaft als Inhaber der tatsächlichen Sachherrschaft ist ausschließlich der Zeitpunkt des behördlichen Einschreitens (nicht der Zeitpunkt des Gefahreneintritts).
- Unerheblich ist, ob die tatsächliche Sachherrschaft rechtmäßig oder unrechtmäßig erworben wurde.
- BEACHTE: Die Zustandsverantwortlichkeit endet nicht notwendig mit der Aufgabe der tatsächlichen Sachherrschaft. In Abschleppfällen wurde durch die Rechtsprechung entschieden, dass sich der Halter nicht ohne weiteres darauf berufen kann, er habe das Fahrzeug der tatsächlichen Sachherrschaft eines Dritten übergeben. Er muss die Gebrauchsüberlassung nachweisen. Kann er dies nicht, spricht eine -widerlegbare- Vermutung dafür, dass der Halter weiterhin Inhaber der tatsächlichen Sachherrschaft ist (Beweislastumkehr).

Inanspruchnahme des Nichtstörers, § 19 OBG

Definition	Nichtstörer sind unbeteiligte Dritte, denen die gefahrbegründenden Ursachen selbst nicht zugerechnet werden können.

Die Inanspruchnahme von Nichtstörern, also Personen, die für die Gefahr NICHT verantwortlich sind, ist nur in engen Grenzen möglich. Es muss ein polizeilicher Notstand vorliegen, was nur dann der Fall ist, wenn weder der Verantwortliche selbst noch die Polizei- bzw. Ordnungsbehörde in der Lage ist, die Gefahr effektiv selbst zu beseitigen. Konkret müssen nebeneinander (kumulativ) folgende Voraussetzungen für die Inanspruchnahme eines Nichtstörers erfüllt sein:

- Der Inanspruchgenommene ist weder Verhaltens- noch Zustandsstörer.
- Es muss eine gegenwärtige erhebliche Gefahr vorliegen, 19 I Nr. 1 OBG. Voraussetzung ist also eine besondere Gefahrennähe. Es liegt für ein bedeutsames Rechtsgut eine akute Gefahr oder bereits eine Störung vor.
- **Doppelte Subsidiarität**: Die Gefahr kann weder durch den Störer, § 19 I Nr. 2 OBG noch durch die Behörde selbst oder durch Beauftragte, § 19 I Nr. 3 OBG abgewehrt werden.
  Die Inanspruchnahme des Störers kann aus tatsächlichen oder rechtlichen Gründen nicht möglich sein.
  Wegen tatsächlicher Unmöglichkeit kommt eine Gefahrenabwehrmaßnahme gegen den Störer nicht in Betracht, wenn dieser physisch-real nicht bzw. nicht rechtzeitig in der Lage ist, die Gefahr abzuwenden.
  Rechtliche Unmöglichkeit liegt vor, wenn entsprechende Gefahrenabwehrmaßnahmen gegen den Verhältnismäßigkeitsgrundsatz verstoßen würden.
  Die Behörde ihrerseits darf trotz des Einsatzes aller verfügbaren eigenen und im Wege der Amts- oder Vollzugshilfe erreichbaren fremden Kräfte und Mittel nicht zur Gefahrenabwehr in der Lage sein. Finanzielle Erwägungen haben unberücksichtigt zu bleiben.
- Keine erhebliche Eigengefährdung und Pflichtenkollision:
  Es darf durch die Inanspruchnahme des Nichtstörers keine neue Gefahr entstehen (Leben und Gesundheit des Nichtstörers dürfen nicht gefährdet werden), § 19 I Nr. 4 OBG.
- Verhältnismäßigkeit:
  Die Inanspruchnahme des Nichtstörers ist auf das für die Gefahrenabwehr unumgängliche Maß zu beschränken.

Ebenen der Ermessensausübung

Gemäß § 16 OBG treffen die Ordnungsbehörden ihre Maßnahmen nach pflichtgemäßem Ermessen.
Dabei kommen folgende Ermessensentscheidungen in Betracht:

Entschließungsermessen

Hier geht es um die Frage, „ob" die Behörde Maßnahmen ergreift.

Ein Entschließungsermessen ist gegeben, wenn die Behörde die Wahl hat, ob sie überhaupt tätig werden will.

Bsp.: § 14 OBG: Die Ordnungsbehörden <u>können</u> (= *Entschließungsermessen*) die notwendigen Maßnahmen treffen,...

Auswahlermessen

Hier geht es um die Frage, „wie" die Behörde tätig wird.

Ein Auswahlermessen ist gegeben, wenn die Behörde die Wahl zwischen mehreren sachgerechten und zweckmäßigen Verhaltensweisen für den Fall ihres Tätigwerdens hat.

Bsp.: § 14 OBG: Die Ordnungsbehörden können die <u>notwendigen</u> Maßnahmen (= *Auswahlermessen*) treffen,...

Beim Auswahlermessen ist weiter zu unterscheiden zwischen dem

a) **Mittelauswahlermessen**
   Die Behörde hat einen Ermessensspielraum bei der Frage, welche von mehreren möglichen Maßnahmen ergriffen werden soll.

b) **Störerauswahlermessen**
   Die Behörde hat einen Ermessensspielraum bei der Frage, welchen von mehreren möglichen Störern sie in Anspruch nehmen will.

Störerauswahlermessen

Sind mehrere Personen ordnungspflichtig, hat die Behörde nach pflichtgemäßem Ermessen zu entscheiden, wen sie zur Gefahrenabwehr heranzieht.
KEIN Störerauswahlermessen ist gegeben, wenn zwar erwiesen ist, dass eine Gefahrenlage vorliegt, aber noch nicht klar ist, wer von mehreren Personen dafür verantwortlich ist (Verursachungsverdacht). Dient die Handlung der Behörde nur der Klärung der Frage, wer von mehreren Personen überhaupt Störer ist (Störererforschungseingriff), ist für ein Störerauswahlermessen kein Raum.

Bei der Auswahl des Störers sind folgende Punkte zu prüfen:

1. Heranziehungsverbot

Vorrangig ist zu prüfen, ob das Störerauswahlermessen kraft Gesetz auf Null reduziert ist, bestimmte Personen also nicht in Anspruch genommen werden dürfen (Heranziehungsverbot).
Bsp.: § 18 II S. 2 OBG, § 5 II S. 2 PolG NRW: Gefahrenabwehrmaßnahmen sind unter den näher genannten Voraussetzungen nur gegen den Inhaber der tatsächlichen Gewalt und nicht auch gegen den Eigentümer der gefährlichen Sache zu richten.

2. Effektivitätsprinzip

Liegt kein Heranziehungsverbot vor, richtet sich das Störerauswahlermessen nach dem **Effektivitätsprinzip:** Danach hat die Behörde gegen den Störer vorzugehen, der die Gefahr am schnellsten und wirksamsten beseitigen kann.

Ergänzendes Kriterium kann – bei Offenkundigkeit – auch das unterschiedliche Verschulden der Störer an der Gefahrentstehung sein. Formeln wie „Handlungs- vor Zustandsstörer" oder „Doppelstörer" vor „Einfachstörer" werden von der Rechtsprechung aber überwiegend abgelehnt.

1.5 Ermessen

Ermessensfehler

Ermessensnichtgebrauch/ Ermessensunterschreitung

Ein **Nichtgebrauch** liegt vor, wenn die Behörde sich irrig für gebunden hält, also davon ausgeht, keine Handlungsalternativen zu haben und insoweit überhaupt kein Ermessen ausübt.

Eine **Unterschreitung** liegt vor, wenn eine mögliche - d.h. von der Ermächtigungsgrundlage gedeckte - Rechtsfolge nicht in Betracht gezogen wird.

Ermessensfehlgebrauch (Ermessensmissbrauch)
§ 40 Alt. 1 VwVfG

Ein **Ermessensfehlgebrauch** liegt vor, wenn die Behörde ihr Handeln auf Erwägungen stützt, die mit dem Zweck der Ermächtigungsgrundlage und den allgemeinen Grundsätzen, die die Behörde bei ihrer Ermessensausübung zu berücksichtigen hat, nicht vereinbar sind (sog. **sachfremde Erwägungen**).

Beispiele:
- Nichtberücksichtigung wesentlicher Gesichtspunkte
- Missachtung des Normzwecks
- unlogische / widersprüchliche Begründung der Ermessensentscheidung

Ermessensüberschreitung
§ 40 Alt. 2 VwVfG

Eine **Überschreitung** liegt vor, wenn die äußeren Grenzen des Ermessens überschritten sind, d.h. die Behörde eine im Gesetz gar nicht vorgesehene Rechtsfolge wählt.

Beispiel:
Verstoß gegen den Gleichheits- oder **Verhältnismäßigkeits**grundsatz.

Ermessensreduzierung auf Null

Eine **Ermessensreduzierung auf Null** liegt vor, wenn in einem konkreten Fall nur eine einzige Ermessensentscheidung fehlerfrei getroffen werden kann.

Ermessensreduzierung auf Null

Entschließungsermessen

Eine Pflicht zum Handeln besteht für die Behörde nur, wenn sich das Entschließungsermessen so auf Null reduziert hat, dass ein Untätigbleiben einen Ermessensfehler darstellt.

Faustformel:

Eine Pflicht zum Handeln besteht, wenn eine erhebliche gegenwärtige Gefahr gegeben ist und dem behördlichen Handeln keine gleichrangigen oder höherwertigen öffentlichen Interessen entgegenstehen.

Als Kriterien, die für eine Pflicht zum Handeln sprechen, kommen in Betracht:

- **Wertigkeit des betroffenen Schutzgutes:** Gefährdung eines überragend wichtigen Schutzgutes (Menschenwürde, Leben, Gesundheit, aber auch Sachgüter von hohem Wert).
- **Intensität der Gefahr:** Je unmittelbarer der erwartete Schadenseintritt droht, desto eher ist die Behörde zum Handeln verpflichtet.
- **Risiken, die mit dem behördlichen Handeln verbunden sind:** Je kleiner die Risiken sind, die die Behörde mit der Gefahrenabwehrmaßnahme für öffentliche Interessen eingeht, desto eher besteht eine Pflicht zum Handeln.
- **Selbstbindung der Verwaltung:** Gemäß Art. 3 I GG kann aufgrund einer ständigen und gleichmäßigen Übung der Verwaltungspraxis eine Selbstbindung eintreten (oft durch Verwaltungsvorschriften fixiert), wonach in bestimmten Fällen bestimmte Handlungen vorgesehen sind. Für ein Abweichen hiervon bedarf es dann eines sachlichen Grundes.
- **Grundrechte:** Grundrechte können unter den folgenden Voraussetzungen Schutz- und damit Handlungspflichten der Behörde auslösen:
  - ▶ Gefahr für besonderes Freiheitsgrundrecht (nicht Art. 2 I GG)
  - ▶ Die Gefahr wurde von einem Dritten oder dem Grundrechtsträger selbst (Bsp.: Selbstmordkandidat) verursacht.
  - ▶ Ein Handeln der Behörde ist zum Schutz des Freiheitsrechtes unerlässlich.

Auswahlermessen

Auch das Auswahlermessen kann sich so weit reduzieren, dass nur noch eine einzige behördliche Maßnahme zulässig und geboten ist.

Verhältnismäßigkeit, § 15 OBG

Die Maßnahme der Ordnungsbehörde muss einen legitimen Zweck verfolgen und geeignet, erforderlich und angemessen sein.

1. legitimer Zweck	Zunächst muss der **Zweck des Verwaltungshandelns** bestimmt werden. Der konkret verfolgte Zweck muss legitim sein; es darf sich nicht um einen verfassungswidrigen Zweck handeln (Bsp.: Konkurrenzschutz).

falls (+)

2. Geeignetheit	Das Mittel (die Maßnahme) muss **geeignet** sein, den angestrebten (legitimen) Zweck entweder zu erreichen oder wenigstens zu fördern.
	Im Gefahrenabwehrrecht bedeutet dies, dass die Maßnahme zur Gefahrenabwehr beitragen muss. Dabei genügt es, dass der Zweck wenigstens gefördert wird. Ungeeignet ist eine Maßnahme nur dann, wenn sie den verfolgten Zweck der Gefahrenabwehr überhaupt nicht bzw. nicht mehr fördern kann oder wenn sie einen tatsächlich oder rechtlich unmöglichen Erfolg verlangt.
	BEACHTE: Liegt ein Fall der rechtlichen Unmöglichkeit vor (z.B. Adressat soll an einer ihm nicht gehörenden Sache Gefahrenabwehrmaßnahmen vornehmen), so sieht die h.M. darin keine generelle Ungeeignetheit, sondern nur ein Vollstreckungshindernis bis zum Erlass einer Duldungsverfügung an den oder die anderen Berechtigten.

falls (+)

1.6 Verhältnismäßigkeit

3. Erforderlichkeit

Kann der Zweck auch durch eine **andere, weniger belastende aber gleich geeignete Maßnahme** erreicht bzw. gefördert werden?

Von mehreren möglichen und geeigneten Maßnahmen haben die Ordnungsbehörden diejenige zu treffen, die die einzelne Person und die Allgemeinheit voraussichtlich am wenigsten beeinträchtigt (§ 15 I OBG).

Kann nach einer gewissen Zeit der gewünschte Zweck genauso gut auch auf andere – mildere – Weise erreicht werden, kann die ergriffene Maßnahme (Dauer-VA) mangels Erforderlichkeit rechtswidrig werden.

BEACHTE: Auch eine Maßnahme, die den Betroffenen mehr belastet als eine Alternativmaßnahme kann „erforderlich" sein, wenn diese durch den Betroffenen selbst angeboten wurde (angebotenes Austauschmittel). Würde ein solches Angebot ohne sachlichen Grund abgelehnt, läge ein Verstoß gegen § 21 S. 2 OBG und damit gegen einen gesetzlich geregelten Fall der Erforderlichkeit vor (Bsp.: Der Eigentümer bietet an, sein baufälliges Haus teuer zu sanieren, statt es billig abreißen zu lassen).

falls (+)

4. Angemessenheit

Eine Maßnahme darf nicht zu einem Nachteil führen, der zu dem erstrebten Erfolg erkennbar außer Verhältnis steht (§ 15 II OBG).

Ein Nachteil ist unverhältnismäßig, wenn bei einer Gesamtabwägung zwischen der Schwere des Eingriffs und dem Gewicht und der Dringlichkeit der ihn rechtfertigenden Gründe die **Grenze des Zumutbaren** für den Betroffenen **überschritten** wird.

Angemessenheit
- Prüfungskriterien -

Die Angemessenheitsprüfung beinhaltet eine **Interessenabwägung**, im Rahmen derer das Ausmaß der Belastung für den Betroffenen und das Interesse, das die Behörde/Öffentlichkeit an der Gefahrenabwehrmaßnahme hat, gegeneinander abgewogen werden müssen. Nur wenn das Interesse des Betroffenen **ersichtlich wesentlich schwerer wiegt** als der mit der Maßnahme verfolgte Zweck, ist von der Unangemessenheit auszugehen (erkennbares Missverhältnis). Ein nur geringes Übergewicht zugunsten des Betroffenen genügt nicht.

Faustformel:

Je bedeutsamer der angestrebte Zweck ist, desto größer können die Nachteile sein, die in Kauf zu nehmen sind.

Verschulden

Grundsätzlich ist das Gefahrenabwehrrecht verschuldensunabhängig, was im Rahmen der Angemessenheitsprüfung zur Vermeidung von Missverständnissen auch zu betonen ist.

Jedoch kann eine Maßnahme (im Einzelfall) gegen einen Betroffenen, der die Gefahrenlage nicht verursacht und verschuldet hat, der sich also in einer sog. Opferrolle befindet, unangemessen sein. Die Gefahrenlage muss dann einer anderen Person oder der Risikosphäre der Allgemeinheit zugerechnet werden.

2. Muster einer Ordnungsverfügung

erlassende Behörde	Fachbereich/Amt
	Anschrift
	Ansprechpartner - Zimmer
	Telefon/Fax
	E-Mail
	Aktenzeichen

Anschrift der erlassenden Behörde

ggfs. Zustellungsvermerk
Anschrift des Adressaten - bzw. seines Bevollmächtigten -

Bezug
Betreff

Ordnungsverfügung

Anrede (Adressat oder Bevollmächtigter)

Tenor

1. Entscheidung in der Hauptsache

2. ggfs. Nebenentscheidungen
   - Nebenbestimmungen
   - Anordnung der sofortigen Vollziehung
   - Androhung von Zwangsmitteln
   - Entscheidung über Kosten/Gebühren

Begründung

- tatsächliche Gründe

- rechtliche Gründe

Rechtsbehelfsbelehrung

Grußformel
in Vertretung (i.V.) / im Auftrag (i.A.)
Unterschrift oder elektronische Signatur

Rechtmäßigkeit einer ordnungsbehördlichen Verordnung

I. Ermächtigungsgrundlage

    1. spezialgesetzliche Ermächtigungsgrundlage

        BEACHTE: Ermächtigungsgrundlage kann nur ein formelles Gesetz sein (vgl. Art. 70 S. 1 LVerf NRW - Die Ermächtigung zum Erlass einer Rechtsverordnung kann <u>nur durch Gesetz</u> erteilt werden.).

    2. Generalklauseln, §§ 26, 27 OBG

    Das weitere Prüfungsschema bezieht sich auf das Verordnungsrecht der Ordnungsbehörden nach § 27 OBG.

II. formelle Rechtmäßigkeit

    1. Zuständigkeit des Verordnungsgebers

        a) Verbandskompetenz, §§ 5, 3, 27 I OBG „Die Ordnungsbehörden".
- örtliche Ordnungsbehörden = Gemeinden (kreisfreie und kreisangehörige Städte, Gemeinden).
- Kreisordnungsbehörden = Kreise und kreisfreie Städte

        b) Organkompetenz
- örtliche Ordnungsbehörden = der Rat als Vertretung (§ 27 IV 1 OBG, § 41 I 2 f) GO - „sonstigen ortsrechtlichen Bestimmungen")
- Kreisordnungsbehörden = der Kreistag als Vertretung (§ 27 IV 1 OBG, § 26 I 2 f) KrO)

    2. Verfahren, insbesondere ordnungsgemäßer
- Ratsbeschluss, §§ 47ff GO *oder*
- Kreistagsbeschluss, §§ 32ff KrO

    3. Form, § 30 OBG

    4. Verkündung, § 33 I OBG

Liegt eine formelle Voraussetzung nicht vor, ist die Verordnung nichtig!

III. materielle Rechtmäßigkeit

1. Wirksamkeit der Ermächtigungsgrundlage

2. Vereinbarkeit der Verordnung mit den **Tatbestandsvoraussetzungen der Ermächtigungsgrundlage**

    – im Falle von § 27 OBG:

    a) **Schutzgut** der öffentlichen Sicherheit oder Ordnung betroffen
    b) **abstrakte Gefahr** für das Schutzgut der öffentlichen Sicherheit oder Ordnung

3. Richtet sich die Verordnung an die **richtigen Adressaten** (Störer)?
   Als Normadressaten kommen grds. nur Personen in Betracht, die abstrakt für die potentielle Gefahr verantwortlich sind.
   Nichtstörer kommen nur ganz ausnahmsweise bei Vorliegen der Voraussetzungen des § 19 OBG als Normadressaten in Betracht.

4. **fehlerfreie Ausübung des Ermessens**
   (Entschließungsermessen „Ob", Auswahlermessen „gegen wen")

    insbesondere: Ist die Verordnung verhältnismäßig **(Verhältnismäßigkeitsgrundsatz)**?

5. **sonstige Rechtmäßigkeitsanforderungen erfüllt**

    a) kein Verstoß gegen höherrangiges Recht, insbesondere § 28 OBG
    b) Ist die Verordnung inhaltlich hinreichend bestimmt **(Bestimmtheitsgrundsatz)**, § 29 I 1 OBG?

Prüfungsschema für eine auf eine ordnungsbehördliche Verordnung gestützte Ordnungsverfügung

Rechtmäßigkeit der Ordnungsverfügung
Die Ordnungsverfügung ist rechtmäßig, wenn sie auf einer wirksamen Ermächtigungsgrundlage beruht und formell sowie materiell rechtmäßig ist.

I. **Ermächtigungsgrundlage** für die **ORDNUNGSVERFÜGUNG**
   i.d.R. § 14 I OBG i.V.m. § XY einer ordnungsbehördlichen Verordnung

II. **formelle Rechtmäßigkeit** der **ORDNUNGSVERFÜGUNG**

III. **materielle Rechtmäßigkeit** der **ORDNUNGSVERFÜGUNG**

   1. Wirksamkeit der Ermächtigungsgrundlage
      (in Bezug auf § 14 I OBG unproblematisch)

   2. Vereinbarkeit der **ORDNUNGSVERFÜGUNG** mit den **Tatbestandsvoraussetzungen der Ermächtigungsgrundlage**

      – *im Falle von § 14 I OBG:*

      a) **Schutzgut** der öffentlichen Sicherheit oder Ordnung betroffen
         Zum Schutzgut der öffentlichen Sicherheit gehört die objektive Rechtsordnung. Darunter fallen alle (rechtmäßigen) Rechtsnormen, die den Adressaten zu einem bestimmten Verhalten (Tun oder Unterlassen) verpflichten.

         § XY der ORDNUNGSBEHÖRDLICHEN VERORDNUNG enthält des Gebot/Verbot (... z.B. Tauben zu füttern). § XY der Verordnung ist als abstrakt generelle Regelung Bestandteil der objektiven Rechtsordnung.

         Das Schutzgut der öffentlichen Sicherheit ist durch die Verordnung aber nur betroffen, wenn die Verordnung auf einer wirksamen Ermächtigungsgrundlage beruht und selbst rechtmäßig ist.

3. ordnungsbehördliche Verordnung

Rechtmäßigkeit der VERORDNUNG
Die Verordnung ist rechtmäßig, wenn sie auf einer wirksamen Ermächtigungsgrundlage beruht und formell sowie materiell rechtmäßig ist.

(1) **Ermächtigungsgrundlage** der VERORDNUNG

(2) **formelle Rechtmäßigkeit** der VERORDNUNG
  (a) Zuständigkeit des Verordnungsgebers
    (aa) Verbandskompetenz, §§ 5, 3, 27 I OBG
    (bb) Organkompetenz
  (b) Verfahren
  (c) Form, § 30 OBG
  (d) Verkündung, § 33 I OBG

(3) **materielle Rechtmäßigkeit** der VERORDNUNG

  (a) Wirksamkeit der Ermächtigungsgrundlage
      (in Bezug auf § 27 OBG unproblematisch)
  (b) Vereinbarkeit der VERORDNUNG mit den Tatbestandsvoraussetzungen der Ermächtigungsgrundlage

      – *im Falle von § 27 OBG:*

      (aa) Schutzgut der öffentlichen Sicherheit oder Ordnung betroffen
      (bb) <u>abstrakte</u> Gefahr für das Schutzgut der öffentlichen Sicherheit oder Ordnung
  (c) Richtet sich das Gebot/Verbot in § XY der VERORDNUNG an die richtigen Adressaten (Störer)?
  (d) fehlerfreie Ausübung des Ermessens (Entschließungsermessen „Ob", Auswahlermessen „gegen wen")
      insbesondere: Ist die abstrakt generelle Regelung in der VERORDNUNG (das Gebot/Verbot in § XY der Verordnung) verhältnismäßig?
  (e) sonstige Rechtmäßigkeitsanforderungen erfüllt
      - kein Verstoß der VERORDNUNG gegen höherrangiges Recht, insbesondere § 28 OBG
      - Ist das Gebot/Verbot in § XY der **VERORDNUNG** inhaltlich hinreichend bestimmt, § 29 I 1 OBG?

3. ordnungsbehördliche Verordnung

    b) **konkrete** Gefahr für das Schutzgut der öffentlichen Sicherheit oder Ordnung bzw. Störung der öffentlichen Sicherheit durch den konkreten Verstoß gegen das Gebot/Verbot aus § XY der Verordnung.

3. Richtet sich die konkrete VERFÜGUNG an den **richtigen Adressaten** (Störer)?

    Prüfung der Ordnungspflicht des Adressaten:

    a) Verhaltensstörer, § 17 OBG
    b) Zustandsstörer, § 18 OBG
    c) Kausalität zwischen Verhalten/Zustand und Gefahr
    d) Nichtstörer, § 19 OBG

4. Hat die Behörde das ihr eingeräumte **Ermessen** fehlerfrei ausgeübt (vgl. § 40 VwVfG)?

    a) Entschließungsermessen („Ob")
    b) Auswahlermessen („Wie" und bei Störermehrheit „gegen wen")
        aa) bei der Auswahl der konkreten Maßnahme
        bb) bei Störermehrheit

    insbesondere: Ist die getroffene (konkrete) Maßnahme verhältnismäßig **(Verhältnismäßigkeitsgrundsatz)**, § 15 OBG?

5. Sind die **sonstigen Rechtmäßigkeitsanforderungen** erfüllt?

    a) kein Verstoß der VERFÜGUNG gegen ein Gesetz, insbesondere Grundrechte
    b) Ist die getroffene (konkrete) Maßnahme inhaltlich hinreichend bestimmt **(Bestimmtheitsgrundsatz)**, § 37 I VwVfG?
    c) Kann die konkrete Maßnahme tatsächlich und rechtlich umgesetzt werden (Möglichkeit der konkreten Maßnahme)?

4. Eilzuständigkeit der Polizei

Gemäß § 1 I 1 OBG/1 I 1 PolG
haben sowohl die Ordnungsbehörden als auch die Polizei die Aufgabe, Gefahren für die öffentliche Sicherheit oder Ordnung abzuwehren (Gefahrenabwehr).

Gemäß § 1 I 3 PolG
hat die Polizei (nur) in eigener Zuständigkeit tätig zu werden, soweit ein Handeln der anderen Behörden nicht oder nicht rechtzeitig möglich erscheint.

= im Eilfall
(Eilkompetenz der Polizei)

Dies gilt insbesondere für die den Ordnungsbehörden obliegende Aufgabe, gemäß § 1 OBG Gefahren für die öffentliche Sicherheit oder Ordnung abzuwehren.

Im Verhältnis zu den Ordnungsbehörden ist die Polizei daher grds. nur nachrangig (subsidiär) zuständig.

Aufgabenverteilung zwischen Ordnungsbehörden und Polizei

1. Verhütung und vorbeugende Bekämpfung von Straftaten im Rahmen der Gefahrenabwehr (§ 1 I 2 und 3 PolG) = Aufgabe der **Polizei**

   BEACHTE: Die repressive Verfolgung bereits begangener Straftaten ist keine Aufgabe der (präventiven) Gefahrenabwehr. Sie richtet sich nach den Vorschriften der Strafprozessordnung und des Ordnungswidrigkeitengesetzes.

2. Vorbereitungen für die Hilfeleistung und das Handeln in Gefahrenfällen (§ 1 I 2 und 3 PolG) = Aufgabe der **Polizei**

3. Gefahrenabwehr im Eilfall (§ 1 I 3 PolG) = Aufgabe der **Polizei**

4. Gefahrenabwehr = Aufgabe der **Ordnungsbehörden**

5. präventives/repressives Handeln

präventives Handeln der Polizei	repressives Handeln der Polizei
= Gefahrenabwehr	= Strafverfolgung
Polizeigesetz	Strafprozessordnung, Ordnungswidrigkeitengesetz

Abgrenzung

1. Ob eine Maßnahme der Polizei dem präventiven oder dem repressiven Bereich zuzuordnen ist, richtet sich nach dem **Zweck der Maßnahme**.

2. Bei Maßnahmen, die sowohl präventiven als auch repressiven Charakter haben (sog. **doppelfunktionale Maßnahmen**), kommt es nach überwiegender Auffassung für die Zuordnung auf den **Schwerpunkt der Maßnahme** an.

Rechtmäßigkeit einer Polizeiverfügung

I. Ermächtigungsgrundlage

1. spezialgesetzliche Ermächtigungsgrundlage (vgl. § 8 II PolG)
2. Standardmaßnahmen, §§ 9 - 46 PolG
3. Generalklausel, § 8 I PolG

II. formelle Rechtmäßigkeit

1. **Zuständigkeit**
   a) sachliche Zuständigkeit, insbesondere Eilzuständigkeit (§ 1 I 3 PolG)
   b) örtliche Zuständigkeit, § 7 POG

2. ordnungsgemäße Durchführung des **Verwaltungsverfahrens**, §§ 9 ff VwVfG
   - insbesondere **Anhörung**, § 28 VwVfG
   BEACHTE: Im Eilfall ist eine Anhörung in der Regel gemäß § 28 II Nr. 1 VwVfG entbehrlich (Notwendigkeit einer sofortigen Entscheidung wegen Gefahr im Verzug).

3. **Form** der Polizeiverfügung, § 37 II VwVfG (= formfrei)
   BEACHTE: Das Schriftformerfordernis des § 20 I OBG gilt nicht!

4. **Begründung**, § 39 VwVfG

5. ordnungsgemäße **Bekanntgabe**, § 41 VwVfG

III. materielle Rechtmäßigkeit

1. Wirksamkeit der Ermächtigungsgrundlage
2. Vereinbarkeit der Polizeiverfügung mit den **Tatbestandsvoraussetzungen der Ermächtigungsgrundlage**

   – im Falle des § 8 I PolG:
   a) **Schutzgut** der öffentlichen Sicherheit oder Ordnung betroffen
   b) **konkrete Gefahr** für das Schutzgut der öffentlichen Sicherheit oder Ordnung

3. Richtet sich die Verfügung an den **richtigen Adressaten** (Störer)?

> **Aufbauhinweis:**
> Da die §§ 4 - 6 PolG weder eigene Ermächtigungsgrundlagen darstellen noch zum Tatbestand der Generalklausel gehören, wird vielfach die Ansicht vertreten, ein Verstoß gegen diese Vorschriften stelle eine Ermessensüberschreitung dar. Überwiegend wird aber die Frage der Ordnungspflicht des Adressaten eigenständig im Anschluss an die jeweiligen Tatbestandsvoraussetzungen der Generalklauseln und damit unabhängig von der Ermessensprüfung geprüft.

Prüfung der Polizeipflicht des Adressaten:

a) Verhaltensstörer, § 4 PolG
b) Zustandsstörer, § 5 PolG
c) Kausalität zwischen Verhalten/Zustand und Gefahr
d) Nichtstörer, § 6 PolG

4. Hat die Polizei das ihr eingeräumte **Ermessen** fehlerfrei ausgeübt, § 3 I PolG?

   a) Entschließungsermessen („Ob")

   b) Auswahlermessen („Wie" und bei Störermehrheit „gegen wen")
   aa) bei der Auswahl der Maßnahme
   bb) bei Störermehrheit

   insbesondere: Ist die getroffene Maßnahme verhältnismäßig **(Verhältnismäßigkeitsgrundsatz)**, § 2 I PolG?

5. Sind die **sonstigen Rechtmäßigkeitsanforderungen** erfüllt?

   a) **kein** Verstoß der Polizeiverfügung gegen ein Gesetz, insbesondere Grundrechte **(Vorrang d. Gesetzes)**
   b) Ist die getroffene Maßnahme inhaltlich hinreichend bestimmt **(Bestimmtheitsgrundsatz)**, § 37 I VwVfG?
   c) Kann die Maßnahme tatsächlich und rechtlich umgesetzt werden (Möglichkeit der Maßnahme)?

Standardmaßnahmen

= standardisierte Gefahrenabwehrmaßnahmen der Polizei

Die Ermächtigungsgrundlagen für Standardmaßnahmen finden sich in

§§ 9 - 46 PolG.

Die in **§ 24 OBG** genannten Standardmaßnahmen gelten auch für die Ordnungsbehörden.

BEACHTE: § 24 OBG ist abschließend. Dort nicht genannte Standardmaßnahmen können von den Ordnungsbehörden nicht angewendet werden.

Die Standardermächtigungen **verdrängen die Generalklauseln**
(§ 14 I OBG, 8 I PolG)
- vgl. die ausdrückliche Regelung in § 8 I 2. Halbsatz PolG -

d.h. sind die Tatbestandsvoraussetzungen einer Standardmaßnahme nicht erfüllt, darf nicht auf die Generalklauseln zurückgegriffen werden!

Standardmaßnahmen sind nach herrschender Meinung Verwaltungsakte.
Die Regelung des VA liegt in der Anordnung, die Maßnahme der Polizei/Ordnungsbehörde zu dulden oder selbst zu handeln.

Die Generalklauseln ermächtigen die Polizei/Ordnungsbehörden dazu, die *notwendigen Maßnahmen* zur Gefahrenabwehr zu treffen.
Diese Maßnahmen greifen mehr oder weniger stark in die Grundrechte des Adressaten der Verfügung ein (z.B. die Platzverweisung - § 34 PolG - und der Gewahrsam - § 35 PolG - in die Freiheit der Person, Art. 2 II 2 GG, die in §§ 39 - 42 PolG geregelten Durchsuchungen in die allgemeine Handlungsfreiheit, Art. 2 I GG).
Je schwerwiegender ein Grundrechtseingriff ist, desto genauer muss das einschränkende Gesetz die Voraussetzungen und die Rechtsfolgen bestimmen (Bestimmtheitsgrundsatz, Art. 20 III GG). Für die im Rahmen der Gefahrenabwehr erforderlichen schwerwiegenden Grundrechtseingriffe sind die Generalklauseln (§ 14 I OBG, § 8 I PolG) zu unbestimmt.
Die Standardermächtigungen hingegen genügen dem Bestimmtheitsgrundsatz und ermächtigen die Polizei/Ordnungsbehörden zu Eingriffen, die ansonsten nicht durch die Generalklauseln gedeckt wären.

Datenverarbeitung, §§ 9 - 33c PolG

Die Vorschriften über die Datenverarbeitung regeln die
Verarbeitung personenbezogener Daten.

Personenbezogene Daten sind gemäß § 36 Nr. 1 des Datenschutzgesetzes NRW (DSG NRW) alle Informationen, die sich auf eine identifizierte oder identifizierbare natürliche Person (betroffene Person) beziehen; als identifizierbar wird eine natürliche Person angesehen, die direkt oder indirekt, insbesondere mittels Zuordnung zu einer Kennung wie einem Namen, zu einer Kennnummer, zu Standortdaten, zu einer Online-Kennung oder zu einem oder mehreren besonderen Merkmalen, die Ausdruck der physischen, physiologischen, genetischen, psychischen, wirtschaftlichen, kulturellen oder sozialen Identität dieser Person sind, identifiziert werden kann,

Unter den Begriff der „**Verarbeitung**" fällt gemäß § 36 Nr. 2 DSG NRW jeder mit oder ohne Hilfe automatisierter Verfahren ausgeführten Vorgang oder jede solche Vorgangsreihe im Zusammenhang mit personenbezogenen Daten wie das Erheben, das Erfassen, die Organisation, das Ordnen, die Speicherung, die Anpassung, die Veränderung, das Auslesen, das Abfragen, die Verwendung, die Offenlegung durch Übermittlung, Verbreitung oder eine andere Form der Bereitstellung, den Abgleich, die Verknüpfung, die Einschränkung, das Löschen oder die Vernichtung

Die Vorschriften des Polizeigesetzes über die Datenverarbeitung gelten im Ordnungsbehördengesetz wie folgt:

	Geltung im OBG gemäß
Befragung, § 9 PolG	§ 24 Nr. 1
Vorladung, § 10 PolG	§ 24 Nr. 2
Erhebung von Personaldaten, § 11 PolG	§ 24 Nr. 3
Identitätsfeststellung, § 12 PolG	§ 24 Nr. 4
Polizeiliche Anhalte- und Sichtkontrolle, § 12a PolG	*keine Geltung im OBG*

	Geltung im OBG gemäß
Prüfung von Berechtigungsscheinen, § 13 PolG	§ 24 Nr. 5
erkennungsdienstliche Maßnahmen, § 14 PolG	*keine Geltung im OBG*
Molekulargenetische Untersuchungen zur Identitätsfeststellung, § 14a PolG	*keine Geltung im OBG*
Datenerhebung bei öffentlichen Veranstaltungen und Ansammlungen, § 15 PolG	§ 24 Nr. 6
Videoüberwachung, § 15a PolG	*keine Geltung im OBG*
Datenerhebung zur Eigensicherung, § 15b PolG	§ 24 Nr. 6
Datenerhebung durch den Einsatz körpernah getragener Aufnahmegeräte, § 15c PolG	§ 24 Nr. 6
Besondere Mittel der Datenerhebung, §§ 16 - 21 PolG	*keine Geltung im OBG*
Datenspeicherung, § 22 PolG	§ 24 Nr. 7
Verarbeitung besonderer Kategorien personenbezogener Daten, § 22a PolG	*keine Geltung im OBG*
Kennzeichnung in polizeilichen Dateisystemen, § 22b PolG	*keine Geltung im OBG*
Weiterverarbeitung von personenbezogenen Daten, Zweckbindung, Zweckänderung, § 23 PolG	§ 24 Nr. 8

7.1 Datenverarbeitung

	Geltung im OBG gemäß
Weiterverarbeitung zu besonderen Zwecken, § 24 PolG	*keine Geltung im OBG*
Weiterverarbeitung zu wissenschaftlichen Zwecken, § 24a PolG	*keine Geltung im OBG*
Datenabgleich, § 25 PolG	*keine Geltung im OBG*
Allgemeine Regeln der Datenübermittlung Übermittlungsverbote und Verweigerungsgründe, § 26 PolG	§ 24 Nr. 9
Datenübermittlung durch die Polizei, §§ 27 - 29 PolG	§ 24 Nr. 10
Datenübermittlung an die Polizei, § 30 PolG	§ 24 Nr. 11
Rasterfahndung, § 31 PolG	*keine Geltung im OBG*
Berichtigung, Löschung und Einschränkung der Weiterverarbeitung von Daten, § 32 PolG	*keine Geltung im OBG*
Benachrichtigung bei verdeckten und eingriffsintensiven Maßnahmen, § 33 PolG	*keine Geltung im OBG*
Benachrichtigung im Falle der Verletzung des Schutzes personenbezogener Daten, § 33a PolG	*keine Geltung im OBG*
Protokollierung bei verdeckten oder eingriffsintensiven Maßnahmen, § 33b PolG	*keine Geltung im OBG*
Datenschutzkontrolle, § 33c PolG	*keine Geltung im OBG*

Platzverweisung, § 34 I PolG

- über § 24 Nr. 12 OBG für Ordnungsbehörden entsprechend anwendbar -

Tatbestandsvoraussetzung:

- ▶ Abwehr einer Gefahr (für die öffentliche Sicherheit oder Ordnung) oder
- ▶ Behinderung des Einsatzes der Feuerwehr oder von Hilfs- oder Rettungsdiensten.

Rechtsfolge:

- ▶ vorübergehende Verweisung einer Person von einem Ort (Entfernungsgebot) und/oder
- ▶ vorübergehendes Verbot für eine Person, einen Ort zu betreten (Betretungsverbot)

„vorübergehend" = auslegungsbedürftiger unbestimmter Rechtsbegriff
maximale zeitliche Grenze: 24 Stunden
längere Dauer = ggfs. Aufenthaltsverbot (§ 34 II PolG)

„Ort" = auslegungsbedürftiger unbestimmter Rechtsbegriff
Wortlautargument: Ort = räumlich begrenzter Bereich
Sinn und Zweck der Vorschrift: Abwehr einer Gefahr
= Der „Ort" wird durch die Gefahr bestimmt.

„Person" = gegenüber jedermann
(keine Begrenzung auf den oder die Verursacher der Gefahr)

Vollstreckung:

Auf der Grundlage des § 50 I PolG durch die Polizei bzw. des § 55 I VwVG durch die Ordnungsbehörde.
Letztes Mittel (ultima ratio): Ingewahrsamnahme nach § 35 I Nr. 3 PolG

Aufenthaltsverbot, 34 II PolG

- für Ordnungsbehörden nicht anwendbar (vgl. § 24 Nr. 12 OBG) -

Tatbestandsvoraussetzungen:

- Annahme, dass eine Person
  (= Störer, d.h. die §§ 4ff PolG sind nicht anwendbar)
- in einem bestimmten örtlichen Bereich eine Straftat begehen oder zu ihrer Begehung beitragen wird.
- Die Annahme ist durch Tatsachen gerechtfertigt.
- Die Person hat in dem örtlichen Bereich nicht ihre Wohnung.
  Die Person nimmt in dem örtlichen Bereich keine berechtigten Interessen wahr.

Rechtsfolge:

- Betretungs-/Aufenthaltsverbot für eine bestimmte Zeit
  (maximal 3 Monate, § 34 II 4 PolG)

„örtlicher Bereich"	= ein Gemeindegebiet oder ein Gebietsteil innerhalb einer Gemeinde (§ 34 II 2 PolG)
„Straftat begehen"	= Begehung einer Straftat als Täter oder Teilnehmer
„berechtigte Interessen"	= z.B. Aufsuchen einer Arbeitsstelle, Besuch eines Arztes

Vollstreckung:

Auf der Grundlage des § 50 I PolG.

Wohnungsverweisung und Rückkehrverbot, § 34a PolG

- für Ordnungsbehörden nicht anwendbar (vgl. § 24 Nr. 12 OBG) -

§ 34a PolG regelt zwei Standardmaßnahmen, die Wohnungsverweisung und das Rückkehrverbot:

Tatbestandsvoraussetzungen:

- gegenwärtige Gefahr für Leib, Leben oder Freiheit
- ausgehend von einer Person (= betroffene Person)
  für eine Person (= gefährdete Person)

Rechtsfolge:

- Zeitlich befristete (§ 34a V PolG) und räumlich begrenzte (§ 34a I 2 PolG) **Verweisung** der betroffenen Person **aus der Wohnung** sowie der unmittelbaren Umgebung der gefährdeten Person.
- Zeitlich befristetes (§ 34a V PolG) und räumlich begrenztes (§ 34a I 2 PolG) **Rückkehrverbot** der betroffenen Person in die Wohnung sowie die unmittelbare Umgebung der gefährdeten Person.

„Gefahr" Umstritten ist, ob auch dann noch eine Gefahr vorliegt, wenn die gefährdete Person der Verweisung der betroffenen Person aus der Wohnung ausdrücklich und ernsthaft widerspricht.
Gegen die Annahme einer Gefahr spricht das Recht auf Selbstgefährdung sowie das Selbstbestimmungsrecht der gefährdeten Person.
Für die Annahme einer Gefahr spricht der Sinn und Zweck des § 34a PolG, häusliche Gewalt zu verhindern.

Vollstreckung:

Auf der Grundlage des § 50 I PolG.
Letztes Mittel (ultima ratio): Ingewahrsamnahme nach § 35 I Nr. 4 PolG

Aufenthaltsvorgabe und Kontaktverbot, § 34b PolG

- für Ordnungsbehörden nicht anwendbar (vgl. § 24 Nr. 12 OBG) -

§ 34b PolG regelt zwei Standardmaßnahmen, die Aufenthaltsvorgabe und das Kontaktverbot:

Tatbestandsvoraussetzungen:
- Vorliegen von Tatsachen, die die Annahme rechtfertigen, dass die betroffene Person (= Störer, d.h. die §§ 4ff PolG sind nicht anwendbar) innerhalb eines übersehbaren Zeitraums auf eine zumindest ihrer Art nach konkretisierte Weise eine terroristische Straftat nach § 8 IV PolG begehen wird oder
- das individuelle Verhalten der betroffenen Person (= Störer, d.h. die §§ 4ff PolG sind nicht anwendbar) begründet die konkrete Wahrscheinlichkeit, dass sie innerhalb eines übersehbaren Zeitraums eine terroristische Straftat nach § 8 IV PolG begehen wird

Rechtsfolge:
- Aufenthaltsvorgabe, § 34b I 1 PolG
- Kontaktverbot, § 34b I 2 PolG

Vollstreckung:

Auf der Grundlage des § 50 I PolG.
Letztes Mittel (ultima ratio): Ingewahrsamnahme nach § 35 I Nr. 6 PolG

Elektronische Aufenthaltsüberwachung, § 34c PolG

- für Ordnungsbehörden nicht anwendbar (vgl. § 24 Nr. 12 OBG) -

Tatbestandsvoraussetzungen:

- Vorliegen von Tatsachen, die die Annahme rechtfertigen, dass die betroffene Person (= Störer, d.h. die §§ 4ff PolG sind nicht anwendbar) innerhalb eines übersehbaren Zeitraums auf eine zumindest ihrer Art nach konkretisierte Weise eine terroristische Straftat nach § 8 IV PolG begehen wird oder
- das individuelle Verhalten der betroffenen Person (= Störer, d.h. die §§ 4ff PolG sind nicht anwendbar) begründet die konkrete Wahrscheinlichkeit, dass sie innerhalb eines übersehbaren Zeitraums eine terroristische Straftat nach § 8 IV PolG begehen wird

Rechtsfolge:

- Verpflichtung der Person, ein technisches Mittel zur Aufenthaltsüberwachung zu tragen, dessen Anlegung und Wartung zu dulden und seine Funktionsfähigkeit nicht zu beeinträchtigen, § 34c I PolG

BEACHTE: Diese Befugnisse stehen der Polizei auch in den in § 34c II PolG genannten Fällen zu.

Vollstreckung:

Auf der Grundlage des § 50 I PolG.
Letztes Mittel (ultima ratio): Ingewahrsamnahme nach § 35 I Nr. 6 PolG

Gewahrsam, §§ 35 - 38 PolG

*- mit Ausnahme von § 35 I Nr. 4 PolG
über § 24 Nr. 12 OBG für Ordnungsbehörden entsprechend anwendbar -*

Tatbestandsvoraussetzung: Ingewahrsamnahmegrund:

- Schutz einer Person gegen eine Gefahr für Leib oder Leben (Schutzgewahrsam, § 35 I Nr. 1 PolG).
- unerlässliche Verhinderung einer unmittelbar bevorstehenden Begehung oder Fortsetzung einer Straftat oder einer Ordnungswidrigkeit von erheblicher Bedeutung für die Allgemeinheit (Präventivgewahrsam, § 35 I Nr. 2 PolG).
- unerlässliche Durchsetzung einer Platzverweisung (§ 35 I Nr. 3 PolG).
- unerlässliche Durchsetzung einer Wohnungsverweisung oder eines Platzverweises (§ 35 I Nr. 4 PolG).
- unerlässlicher Schutz privater Rechte, wenn eine Festnahme und Vorführung der Person nach §§ 229, 230 III BGB zulässig ist (§ 35 I Nr. 5 PolG).
- unerlässliche Durchsetzung einer Aufenthaltsanordnung oder eines Kontaktverbots nach § 34b PolG oder einer elektronischen Aufenthaltsüberwachung nach § 34c PolG
- Minderjähriger, der sich der Obhut der Sorgeberechtigten entzogen hat (§ 35 II PolG).
- Entweichen aus dem Vollzug von Untersuchungshaft, Freiheitsstrafen oder freiheitsentziehenden Maßregeln der Besserung und Sicherung oder sonstiger Aufenthalt außerhalb der Justizvollzugsanstalt ohne Erlaubnis (§ 35 III PolG).

Rechtsfolge:

▶ Zeitlich begrenzte (§ 38 PolG) Ingewahrsamnahme unter Beachtung der besonderen Verfahrensanforderungen in §§ 36, 37 PolG.

Die Ingewahrsamnahme ist ein Realakt. Dieser beinhaltet die Verfügung, die Ingewahrsamnahme zu dulden und damit einen Verwaltungsakt i.S.d. § 35 VwVfG.

Ingewahrsamnahme	= Aufhebung der körperlichen Bewegungsfreiheit gegen den Willen der betroffenen Person in jede Richtung (Freiheitsentziehung i.S.d. Art. 104 II GG).
„unerlässlich"	= es darf kein milderes Mittel geben = die Ingewahrsamnahme kommt nur als letztes Mittel (ultima ratio) in Betracht.

Verbringungs- und Rückführungsgewahrsam

Verbringungsgewahrsam = Anlässlich eines Platzverweises wird eine Person zur Abwehr einer Gefahr von der Polizei in Gewahrsam genommen, an einen anderen Ort verbracht und dort freigelassen.

Rückführungsgewahrsam = Anlässlich eines Platzverweises wird eine Person zur Abwehr einer Gefahr von der Polizei in Gewahrsam genommen, an ihren Wohnort verbracht und dort freigelassen (Unterfall des Verbringungsgewahrsams).

Umstritten ist, welche **Ermächtigungsgrundlage** für den Verbringungs-/Rückführungsgewahrsam in Betracht kommt:

1. § 35 I Nr. 3 PolG - Durchsetzung einer Platzverweisung

2. **§ 8 I PolG - Generalklausel**

   Begründung: § 35 I Nr. 3 PolG reicht als Ermächtigungsgrundlage alleine nicht aus, da der Verbringungs-/Rückführungsgewahrsam eine über die zwangsweise Durchsetzung der Platzverweisung hinausgehende Belastung enthält, die einer eigenständigen Ermächtigung bedarf.

Rechtmäßigkeit einer Ingewahrsamnahme

I. **Ermächtigungsgrundlage**, § 35 PolG / § 24 Nr. 12 OBG

II. **formelle Rechtmäßigkeit**

   1. **Zuständigkeit** der Polizei/Ordnungsbehörde

      a) sachliche Zuständigkeit
      b) örtliche Zuständigkeit

   2. ordnungsgemäße Durchführung des **Verwaltungsverfahrens**, §§ 9ff VwVfG - insbesondere Anhörung, § 28 VwVfG
      (BEACHTE § 28 II Nr. 1 VwVfG)

   3. **Richtervorbehalt**, § 36 PolG

   4. **Begründungspflicht**, § 37 I PolG

   5. **Benachrichtigungspflicht**, § 37 II PolG

III. **materielle Rechtmäßigkeit**

   1. Vereinbarkeit der Ingewahrsamnahme mit den **Tatbestandsvoraussetzungen der Ermächtigungsgrundlage** (§ 35 PolG - Ingewahrsamnahmegrund)

   2. **Adressat** (Störer)

      BEACHTE: Die Standardmaßnahmen und damit auch die Vorschriften über die Ingewahrsamnahme regeln die Verantwortlichkeit des Betroffenen (= der „Person") eigenständig; die §§ 4 - 6 PolG, 17- 19 OBG gelten nicht (vgl. § 4 IV PolG, § 18 IV OBG).

   3. **Ermessen, Verhältnismäßigkeit** und **Bestimmtheit**

      Folgende Besonderheiten sind bei der Prüfung der Verhältnismäßigkeit zu beachten:
- Ausgestaltung des Gewahrsams, § 37 III PolG
- Höchstdauer des Gewahrsams, § 38 PolG

Durchsuchung von Personen, § 39 PolG

- über § 24 Nr. 12 OBG für Ordnungsbehörden entsprechend anwendbar -

Tatbestandsvoraussetzung: Durchsuchungsgrund:

- Eine Person wird nach dem PolG (z.B. § 10 III, § 35 PolG) oder anderen Rechtsvorschriften festgehalten (§ 39 I Nr. 1 PolG).
- Tatsachen rechtfertigen die Annahme, dass eine Person Sachen mit sich führt, die sichergestellt werden dürfen (§ 39 I Nr. 2 PolG).
- Eine Person befindet sich erkennbar in einem die freie Willensbildung ausschließenden Zustand oder sonst in hilfloser Lage (§ 39 I Nr. 3 PolG).
- Eine Person hält sich an einem der in § 12 I Nr. 2 PolG genannten Orte auf (§ 39 I Nr. 4 PolG).
- Eine Person hält sich in einem Objekt im Sinne des § 12 I Nr. 3 PolG oder in dessen unmittelbarer Nähe auf und Tatsachen rechtfertigen die Annahme, dass in oder an Objekten dieser Art Straftaten begangen werden sollen, durch die Personen oder diese Objekte gefährdet sind (§ 39 I Nr. 5 PolG).

BEACHTE: Der § 12 II 4 PolG (Durchsuchung zur Identitätsfeststellung) geht den Durchsuchungsgründen des § 39 I Nr. 1 - 5 PolG vor.

- Eigenschutz der Polizei/Ordnungsbehörde
  - im Rahmen einer Identitätsfeststellung (§ 39 II 1 PolG).
  - im Rahmen einer Vorführung bzw. Verbringung (§ 39 II 2 PolG).

Rechtsfolge:

▶ Durchsuchung einer Person durch Personen gleichen Geschlechts oder Ärzte (§ 39 III PolG - Ausnahme: Sofortige Durchsuchung zum Schutz gegen eine Gefahr für Leib oder Leben erforderlich).

Die Durchsuchung ist ein Realakt. Dieser beinhaltet die Verfügung, die Durchsuchung zu dulden und damit einen Verwaltungsakt i.S.d. § 35 VwVfG.

„durchsuchen" = Suchen nach Sachen in der getragenen Kleidung oder am Körper (einschließlich der ohne Hilfsmittel zugänglichen Körperöffnungen wie Mund, Nase, Ohren, After).

BEACHTE:
- Nicht durch § 39 PolG gedeckt sind körperliche Untersuchungen.
- Hat der Betroffene die Kleidung abgelegt, ist Ermächtigungsgrundlage § 40 PolG (Durchsuchung von Sachen).

Durchsuchung von Sachen, § 40 PolG

- über § 24 Nr. 12 OBG für Ordnungsbehörden entsprechend anwendbar -

Tatbestandsvoraussetzung: Durchsuchungsgrund:

- Eine Sache wird von einer Person mitgeführt, die nach § 39 PolG durchsucht werden darf (§ 40 I Nr. 1 PolG).
- Tatsachen rechtfertigen die Annahme, dass sich in einer Sache eine Person befindet, die in Gewahrsam genommen werden darf, widerrechtlich festgehalten wird oder hilflos ist (§ 40 I Nr. 2 PolG).
- Tatsachen rechtfertigen die Annahme, dass sich in einer Sache eine andere Sache befindet, die sichergestellt werden darf (§ 40 I Nr. 3 PolG).
- Eine Sache befindet sich an einem der in § 12 I Nr. 2 PolG genannten Orte (§ 40 I Nr. 4 PolG).
- Eine Sache befindet sich in einem Objekt im Sinne des § 12 I Nr. 3 PolG oder in dessen unmittelbarer Nähe und Tatsachen rechtfertigen die Annahme, dass in oder an Objekten dieser Art Straftaten begangen werden sollen, durch die Personen oder diese Objekte gefährdet sind (§ 40 I Nr. 5 PolG).
- In einem Land-, Wasser- oder Luftfahrzeug befindet sich eine Person, deren Identität nach § 12 Abs. 1 Nr. 4 PolG festgestellt werden darf (§ 40 I Nr. 6 PolG).

BEACHTE: Der § 12 II 4 PolG (Durchsuchung zur Identitätsfeststellung) geht den Durchsuchungsgründen des § 40 I Nr. 1 - 6 PolG vor.

Rechtsfolge:

▶ Durchsuchung einer Sache
unter Beachtung der besonderen Verfahrensanforderungen in § 40 II PolG.

Die Durchsuchung ist ein Realakt. Dieser beinhaltet die Verfügung, die Durchsuchung zu dulden und damit einen Verwaltungsakt i.S.d. § 35 VwVfG.

„Sache" = alle körperlichen Gegenstände (vgl. § 90 BGB).
- Dazu zählen auch Grundstücke, nicht aber Gebäude, soweit sie Wohnzwecken dienen (Ermächtigungsgrundlage ist dann § 41 PolG - Durchsuchung von Wohnungen).
- Die Durchsuchung von Kleidungsstücken, die eine Person am Körper trägt, fällt nicht unter § 40 PolG, sondern unter § 39 PolG (Durchsuchung von Personen). Nur abgelegte Kleidungsstücke werden von § 40 PolG erfasst.

Betreten und Durchsuchung von Wohnungen, §§ 41, 42 PolG

- über § 24 Nr. 12 OBG für Ordnungsbehörden entsprechend anwendbar -

Tatbestandsvoraussetzung: Durchsuchungsgrund:

- Tatsachen rechtfertigen die Annahme, dass sich in der Wohnung eine Person befindet, die nach § 10 III PolG vorgeführt oder nach § 35 PolG in Gewahrsam genommen werden darf (§ 41 I Nr. 1 PolG).
- Tatsachen rechtfertigen die Annahme, dass sich in der Wohnung eine Sache befindet, die nach § 43 Nr. 1 PolG sichergestellt werden darf, (§ 41 I Nr. 2 PolG).
- Von der Wohnung gehen Immissionen aus, die nach Art, Ausmaß oder Dauer zu einer erheblichen Belästigung der Nachbarschaft führen (§ 41 I Nr. 3 PolG).
- Das Betreten und die Durchsuchung einer Wohnung ist zur Abwehr einer gegenwärtigen Gefahr für Leib, Leben oder Freiheit einer Person oder für Sachen von bedeutendem Wert erforderlich (§ 41 I Nr. 4 PolG).

Rechtsfolge:

▶ Betreten und Durchsuchung der Wohnung
▶ in den zeitlichen Grenzen des § 41 II - IV PolG (BEACHTE: III und IV berechtigen nur zum Betreten, nicht auch zum Durchsuchen!) und
▶ unter Beachtung der besonderen Verfahrensanforderungen aus § 42 PolG (BEACHTE: Die Verfahrensanforderungen gelten nur für die Durchsuchung, nicht für das Betreten!).

Das Betreten und das Durchsuchen sind Realakte. Diese beinhalten die Verfügung, das Betreten und Durchsuchen zu dulden und damit einen Verwaltungsakt i.S.d. § 35 VwVfG.

„Wohnung" = alle Räume, die der Öffentlichkeit entzogen und zur Stätte privaten Lebens und Wirkens bestimmt sind. Gemäß § 41 I 2 PolG umfasst die Wohnung die Wohn- und Nebenräume, Arbeits-, Betriebs- und Geschäftsräume sowie anderes befriedetes Besitztum.

„Inhaber" = wer rechtmäßig die tatsächl. Sachherrschaft über die Wohnung ausübt.

„durchsuchen" = zweck- und zielgerichtetes Suchen, um planmäßig etwas zu finden.

„Betreten" = Eintreten, Verweilen und Besichtigen der Wohnung.

Sicherstellung und Verwahrung, §§ 43 - 46 PolG

- über § 24 Nr. 12 OBG für Ordnungsbehörden entsprechend anwendbar -

Tatbestandsvoraussetzung: Sicherstellungsgrund:
- Abwehr einer gegenwärtigen Gefahr (§ 43 Nr. 1 PolG).
  BEACHTE: Die Gefahr muss von der Sache selbst oder dem Zustand oder den Absichten des Inhabers der tatsächlichen Sachherrschaft ausgehen.
- Schutz des Eigentümers oder rechtmäßigen Inhabers der tatsächlichen Gewalt vor Verlust oder Beschädigung einer Sache (§ 43 Nr. 2 PolG).
- Eine Sache wird von einer Person mitgeführt, die nach dem PolG oder anderen Rechtsvorschriften festgehalten wird, und die Sache kann verwendet werden, um sich zu töten oder zu verletzen, das Leben oder die Gesundheit anderer zu schädigen, fremde Sachen zu beschädigen oder die Flucht zu ermöglichen oder zu erleichtern (§ 43 Nr. 3 PolG).

Rechtsfolge:
▶ Sicherstellung und Verwahrung (§ 44 PolG) der Sache
▶ unter Beachtung der besonderen Verfahrensanforderungen aus § 44 PolG.

BEACHTE:
- Übergibt der Inhaber der tatsächlichen Gewalt die Sache nicht freiwillig, muss die Sicherstellung zwangsweise (i.d.R. im Wege des unmittelbaren Zwangs = Beschlagnahme) durchgesetzt werden.
- Kommt eine Verwahrung der sichergestellten Sache nicht in Betracht, kann sie unter den Voraussetzungen des § 45 PolG verwertet bzw. vernichtet werden.
- Sind die Voraussetzungen der Sicherstellung weggefallen, ist die Sache nach Maßgabe des § 46 PolG herauszugeben.

Die Sicherstellung ist ein Verwaltungsakt i.S.d. § 35 VwVfG. Dieser enthält zwei verschiedene Regelungen: Das Herausgabegebot und die Duldung der Verwahrung. Die Verwahrung selbst ist ein Realakt.
Ist der Adressat bei der Sicherstellung nicht anwesend, kann der Verwaltungsakt ihm gegenüber nicht bekanntgemacht werden und wird nicht wirksam (vgl. § 43 I VwVfG). Die Sicherstellung ist in diesem Fall ein Realakt (sog. adressatenneutrale Sicherstellung).

7.9 Sicherstellung und Verwahrung

„Sicherstellung" = Entzug der tatsächlichen Gewalt an einer Sache und Begründung eines amtlichen Verwahrungsverhältnisses über die Sache.

„Sache" = alle körperlichen Gegenstände (vgl. § 90 BGB) sowie Tiere (vgl. § 5 I 2 PolG).
Ausn.: Herrenlose Sachen
(BEACHTE aber § 5 III PolG).

POR NRW

Stichwortverzeichnis

abstrakte Gefahr **10**
Adressat der Ordnungsverfügung **11**
Anscheinsgefahr **9**
Aufenthaltsverbot **39**
Aufenthaltsvorgabe **41**
Aufgabenverteilung zwischen Ordnungsbehörden und Polizei **30**
außerordentliche Zuständigkeit im Ordnungsrecht **3**
Auswahlermessen **17**

Betreten und Durchsuchung von Wohnungen **48**

Datenverarbeitung **35ff**
dringende Gefahr **7**
Durchsuchung von Personen **46**
Durchsuchung von Sachen **47**

Eilfall **30**
Eilkompetenz der Polizei **30**
elektronische Aufenthaltsüberwachung **42**
Entschließungsermessen **17**
Ermessen **17**
Ermessensfehler **19**
Ermessensfehlgebrauch **19**
Ermessensnichtgebrauch **19**
Ermessensreduzierung auf Null **20**
Ermessensüberschreitung **19**
Ermessensunterschreitung **19**

Gefahr **7**
Gefahr für Leib und Leben **7**
Gefahr im Verzug **7**
Gefahrenlagen **9**
Gefahrentypen **7**
Gefahrenverdacht **9**
gegenwärtige erhebliche Gefahr **7**
gegenwärtige Gefahr **7**
Gewahrsam **43**

Individualrechtsgüter **5**
instanzielle Zuständigkeit im Ordnungsrecht **3**

© JURA2GO   www.jura2go.com

POR NRW

Stichwortverzeichnis

kollektive Schutzgüter **5**
konkrete Gefahr **7, 10**
Kontaktverbot **41**

latente Gefahr **8**

Mittelauswahlermessen **17**
Muster einer Ordnungsverfügung **24**

Nichtstörer **11, 16**

objektive Rechtsordnung **5**
öffentliche Ordnung **4**
öffentliche Sicherheit **4**
ordnungsbehördliche Verordnung **26**
Ordnungsverfügung **1**
Ordnungsverfügung - Muster **24**
örtliche Ordnungsbehörde **3**
örtliche Zuständigkeit im Ordnungsrecht **3**

Platzverweisung **38**
präventives Handeln der Polizei **31**
Prüfungsschema für eine auf eine ordnungsbehördliche Verordnung gestützte Ordnungsverfügung **27ff**
Prüfungsschema Rechtmäßigkeit einer Ingewahrsamnahme **45**
Prüfungsschema Rechtmäßigkeit einer Ordnungsbehördlichen Verordnung **26**
Prüfungsschema Rechtmäßigkeit einer Ordnungsverfügung **1**
Prüfungsschema Rechtmäßigkeit einer Polizeiverfügung **32**
Putativgefahr **9**

Rechtmäßigkeit einer Ingewahrsamnahme **45**
Rechtmäßigkeit einer Polizeiverfügung **32**
repressives Handeln der Polizei **31**
Risiko **8**
Rückführungsgewahrsam **44**
Rückkehrverbot **40**

sachliche Zuständigkeit im Ordnungsrecht **3**
Schaden **8**
Scheingefahr **9**
Schutzbereiche der öffentlichen Sicherheit **5**

© JURA2GO   www.jura2go.com

Schutzgüter im Ordnungsrecht **4**
Sicherstellung **49**
Standardmaßnahmen **34**
Störer **11**
Störerauswahlermessen **17**
Störung **8**
Subsidiaritätsprinzip **5**

Verbringungsgewahrsam **44**
Verhaltensstörer **12**
Verhältnismäßigkeit **21ff**
Verwahrung **49**

Wohnungsverweisung und Rückkehrverbot **40**

Zuständigkeit **3**
Zustandsstörer **13**

© JURA2GO   www.jura2go.com